La cucina italiana

50 RICETTE DI PASTA E RISO

Chef Carlo Cattaneo

Titolo: La cucina italiana: 50 ricette di pasta e riso

Autore: Carlo Cattaneo

Sommario

Prefazione

In questo ricettario, presento due degli ingredienti più famosi e più importanti della cucina italiana: la pasta e il riso.

Nella mia carriera di chef ho preparato migliaia e migliaia di piatti di pasta e di riso, da quelli più tradizionali a quelli più innovativi.

Queste ricette hanno un livello di difficoltà mediamente basso e sono adatte a tutti. Potete cucinare comodamente a casa vostra, con pochi ingredienti e un costo contenuto.

Spaghetti aglio olio e peperoncino

TEMPISTICA: 10 MINUTI

DIFFICOLTA': FACILE

Ingredienti:

400 grammi di spaghetti (per 4 persone)

1 spicchio d'aglio

5 cucchiai d'olio

4 peperoncini senza semi

10 grammi di prezzemolo

Procedimento

1: Mettete a bollire una pentola d'acqua salata. Quando bolle, versate gli spaghetti.

2: Versate l'olio in una padella assieme all'aglio e al peperoncino.

3: Fate soffriggere l'aglio finché non sarà dorato, poi toglietelo.

4: Prendete una tazza di acqua di cottura della pasta.

5: Versate gli spaghetti nella padella e finite la cottura versando poco alla volta l'acqua di cottura.

6: Spolverate col prezzemolo e servite.

Rigatoni asparagi, gorgonzola e guanciale

TEMPISTICA: 20 MINUTI

DIFFICOLTA': FACILE

Ingredienti:

400 grammi di rigatoni (per 4 persone)

50 grammi di gorgonzola

12 asparagi

30 grammi di guanciale

3 cucchiai d'olio

1 spicchio d'aglio

Pepe

Parmigiano grattugiato

Procedimento

1: Lavate gli asparagi, tagliate la parte più dura e metteteli a bollire per 3 minuti in abbondante acqua salata.

2: Togliete gli asparagi, metteteli in un piatto e versate nell'acqua di cottura degli asparagi i rigatoni.

3: In una padella fate rosolare l'aglio nell'olio e toglietelo una volta raggiunta la doratura.

4: Tagliate il guanciale a cubetti e versatelo nell'olio.

5: Tagliate gli asparagi, ormai raffreddati, a pezzetti e metteteli nell'olio assieme al guanciale.

6: Mettete il gorgonzola a pezzettoni nella padella e lasciatelo sciogliere a fuoco lento, aggiungendo un po' di acqua di cottura.

7: Scolate i rigatoni nel condimento e spolverate con un po' di pepe e Parmigiano.

Linguine ai frutti di mare

TEMPISTICA: 25 MINUTI

DIFFICOLTA': FACILE

Ingredienti:

800 grammi di linguine (per 8 persone)

1 cipolla

1kg di cozze

1kg di vongole

10 gamberi

10 capesante

10 polipetti

50 ml di vino bianco

10 grammi di prezzemolo

pepe

Procedimento

1: Lavate i frutti di mare e privateli della sabbia.

2: Mettete la cipolla in una padella con olio caldo. Fatela dorare per 3 minuti.

3: Aggiungete le cozze e le vongole, sfumate con il vino bianco e aspettate che si aprano.

4: Aggiungete i gamberetti e fateli amalgamare.

5: Mettere a bollire una pentola d'acqua e aggiungete le linguine. Quando saranno cotte versatele nella padella e fatele saltare col condimento.

6: Servite guarnendo con prezzemolo e pepe.

Risotto ai funghi porcini

TEMPISTICA: 30 MINUTI

DIFFICOLTA': MEDIA

Ingredienti:

400 grammi di riso (per 4 persone)

50 grammi di burro

1 cipolla

50 grammi di funghi porcini

50 ml di vino bianco

1 litro di brodo vegetale

50 grammi di parmigiano

Procedimento

1: Sciogliete il burro in una pentola. Aggiungete la cipolla e fatela dorare per 5 minuti.

2: Aggiungete il riso e fatelo tostare per 3 minuti.

3: Mettete in pentola i funghi lavati in precedenza. Versate il vino bianco e fate sfumare a fuoco alto.

4: Versate il brodo vegetale poco a poco, mescolando di continuo. Continuate a farlo fin quando il riso non sarà cremoso.

5: Spegnete il fuoco. Spolverate di parmigiano e fate mantecare per due minuti prima di servire.

Spaghetti alla carbonara

TEMPISTICA: 15 MINUTI

DIFFICOLTA': FACILE

Ingredienti:

400 grammi di spaghetti (per 4 persone)

100 grammi di guanciale

4 uova

100 grammi di pecorino

20 grammi di parmigiano

pepe

Procedimento

1: Rompete le uova e mettete i tuorli in una ciotola.

2: Mettete il pecorino e il parmigiano grattugiato assieme alle uova e mescolate in modo da formare un pastone molto denso.

3: Tagliate a cubetti il guanciale e mettetelo in una padella senza olio: si dovrà sciogliere il suo grasso.

4: Mettete a bollire l'acqua e versate gli spaghetti.

5: Quando gli spaghetti saranno quasi cotti, versateli nella padella col guanciale. Spegnete il fuoco e versate il composto di uova e parmigiano, assieme a un bicchiere di acqua di cottura.

6: Terminate con una spolverata di pecorino e abbondante pepe.

Trofie al pesto alla genovese

TEMPISTICA: 20 MINUTI

DIFFICOLTA': FACILE

Ingredienti:

400 grammi di trofie

20 foglie di basilico

100 grammi di pecorino grattugiato

50 grammi di pinoli

1 spicchio d'aglio

3 patate

50 grammi di fagiolini

pepe

Procedimento

1: In un mortaio mettete lo spicchio d'aglio e battetelo, il pepe e il sale. Poi aggiungete le foglie di basilico e battetele. Poi i pinoli e batteteli, versando di tanto in tanto un po' d'olio. Infine il formaggio. Il composto dovrà essere leggermente granuloso.

2: Pulite le patate e mettetele a bollire assieme ai fagiolini per 5 minuti, poi versatele in una padella con 4 cucchiai d'olio.

3: Nell'acqua di cottura delle patate e dei fagiolini, versate le trofie e fatele cuocere per 3 minuti.

4: Scolate le trofie nella padella e fatele saltare.

5: Spegnete il fuoco, versate il pesto nella pasta e amalgamate bene prima di servire.

Bucatini al pesto alla siciliana

TEMPISTICA: 20 MINUTI

DIFFICOLTA': FACILE

Ingredienti:

400 grammi di bucatini (per 4 persone)

1 spicchio d'aglio

100 grammi di ricotta

20 foglie di basilico

5 pomodori secchi

50 grammi di parmigiano grattugiato

20 grammi di pinoli

pepe

Procedimento

1: In un mortaio mettete lo spicchio d'aglio e battetelo, il pepe e il sale. Poi aggiungete i pomodori secchi e spezzettateli. Poi le foglie di basilico e battetele. Poi i pinoli e batteteli, versando di tanto in tanto un po' d'olio. Infine la ricotta e il parmigiano. Il composto dovrà essere cremoso.

2: Mettete a bollire una pentola d'acqua e versateci i bucatini.

3: A cottura quasi ultimata scolate la pasta e mettetela in una padella. Versateci il pesto e fate saltare a fuoco basso per 3 minuti.

4: Date una spolverata di pepe e di parmigiano prima di servire in tavola.

Tortiglioni alla puttanesca

TEMPISTICA: 20 MINUTI

DIFFICOLTA': FACILE

Ingredienti:

400 grammi di tortiglioni (per 4 persone)

10 pomodorini

1 spicchio d'aglio

10 grammi di capperi

40 grammi di olive nere

4 acciughe

1 cucchiaio di peperoncino

10 grammi di prezzemolo

Procedimento

1: Mettete in una padella con abbondante olio lo spicchio d'aglio e fatelo rosolare, poi toglietelo.

2: Versate in padella i filetti di acciuga e fateli sciogliere, spezzettandoli con un mestolo di legno.

3: Versate in padella anche i pomodorini tagliati a metà e fateli scaldare a fuoco medio.

4: Mettete a bollire una pentola d'acqua salata e versate i tortiglioni.

5: Nella padella coi pomorini, versate anche i capperi e le olive sminuzzate.

6: Quando la pasta sarà cotta, scolatela nella padella assieme a un bicchiere di acqua di cottura. Fate saltare la pasta e spolverate di prezzemolo prima di servire.

Paccheri con salsiccia e broccoli

TEMPISTICA: 15 MINUTI

DIFFICOLTA': FACILE

Ingredienti:

400 grammi di paccheri (per 4 persone)

1 grossa salsiccia

50 grammi di broccoli

Un cucchiaio di peperoncino

Un cucchiaio di timo

Un cucchiaio di rosmarino

Pepe

Procedimento

1: Versate i paccheri in una pentola di acqua bollente.
I paccheri hanno una cottura lunga (20 minuti).

2: Private la salsiccia del budello e fatela a pezzetti.
Mettetela in una padella con abbondante olio e fatela
andare assieme al peperoncino, il timo e il rosmarino.

3: In un'altra pentola fate bollire per 5 minuti i
broccoli, poi scolateli nella padella con la salsiccia.

4: Quando la pasta sarà cotta, scolatela nella padella e
mescolate bene per 5 minuti assieme a un bicchiere di
acqua di cottura. Spolverate con pepe e parmigiano a
scelta.

Penne rigate con noci e taleggio

TEMPISTICA: 15 MINUTI

DIFFICOLTA': FACILE

Ingredienti:

400 grammi di penne rigate (per 4 persone)

30 grammi di burro

1 spicchio d'aglio

50 grammi di noci

100 grammi di taleggio

5 foglie di salvia

1 rametto di rosmarino

Pepe

Parmigiano grattugiato

Procedimento

1: Mettete a sciogliere il burro in una padella con lo spicchio d'aglio e il rametto di rosmarino. Una volta raggiunta la doratura, toglieteli.

2: In una pentola d'acqua bollente mettete a cuocere la pasta.

3: Mettete il taleggio a pezzi e le foglie di salvia nella padella. Aprite le noci, sbriciolatele e mettetele assieme al formaggio.

4: Scolate la pasta nella padella e mescolate assieme a un bicchiere di acqua di cottura, in modo da formare una crema.

5: Terminate con una spolverata di parmigiano, pepe e un po' di noci.

Risotto lardo e tartufo

DIFFICOLTA': MEDIA

Ingredienti:

400 grammi di riso Carnaroli (per 4 persone)

50 grammi di burro

10 grammi di tartufo

1 cipolla

50 grammi di lardo

50 ml di vino bianco

1 litro di brodo vegetale

50 grammi di parmigiano

Procedimento

1: Sciogliete il burro in una pentola. Aggiungete la cipolla e fatela dorare per 5 minuti.

2: Aggiungete il riso e fatelo tostare per 3 minuti.

3: Mettete il lardo a pezzetti e fatelo sciogliere.

4: Versate il brodo vegetale poco a poco, mescolando di continuo. Continuate a farlo fin quando il riso non sarà cremoso.

5: Spegnete il fuoco. Spolverate di parmigiano e fate mantecare per due minuti. Terminate col tartufo a scaglie.

Penne lisce salmone e pesto di olive

DIFFICOLTA': FACILE

Ingredienti:

400 grammi di penne lisce (per 4 persone)

100 grammi di salmone affumicato

20 grammi di pinoli

20 grammi di olive taggiasche

20 grammi di pecorino grattugiato

1 spicchio d'aglio

Pepe

Procedimento

1: Prendete un mortaio. Versare l'aglio, il sale e il pepe e batteteli. Poi versate le olive taggiasche e battetele, aggiungendo a poco a poco l'olio. Versate i pinoli e batteteli assieme. Alla fine versate il pecorino grattugiato.

2: In una padella con abbondante olio mettete lo spicchio d'aglio e fatelo dorare per due minuti, poi toglietelo.

3: Spezzettate il salmone affumicato e mettetelo nella padella con l'olio, abbassando il fuoco.

4: In una pentola di acqua bollente versate le penne lisce. Dopo 10 minuti scolateli nella padella col salmone.

5: Mettete sopra il pesto e mescolate. Terminate con un po' di pepe.

Insalata di pasta fredda

TEMPISTICA: 10 MINUTI

DIFFICOLTA': FACILE

Ingredienti:

400 grammi di pasta corta a piacere (per 4 persone)

2 wusterl

20 grammi di olive

50 grammi di prosciutto

1 peperone

20 grammi di piselli

20 grammi di mais

Procedimento

1: In una grande pentola di acqua bollente cuocete la pasta. Una volta cotta sciacquatela sotto l'acqua fredda, mettete altro sale e lasciatela raffreddare in una zuppiera.

2: Tagliate i wusterl a rondelle, il prosciutto a cubetti e i peperoni a pezzettini.

3: Versate gli ingredienti nella zuppiera della pasta, mescolate bene e mettete in frigorifero. Aggiustate di sale. Servite dopo mezz'ora.

Fusilli alle lenticchie

TEMPISTICA: 20 MINUTI

DIFFICOLTA': FACILE

Ingredienti:

400 grammi di fusilli (per 4 persone)

100 grammi di lenticchie

1 carota

1 cipolla

1 spicchio d'aglio

30 grammi di passata di pomodoro

1 rametto di rosmarino

pepe

Procedimento

1: Scaldate l'olio in una padella e fate un soffritto con cipolla, carota e aglio per 5 minuti.

2: Versate il pomodoro, alzate la fiamma e fate cuocere per 10 minuti.

3: Aggiungete le lenticchie e il rametto di rosmarino, spolverate col pepe.

4: In una pentola di acqua bollente cuocete i fusilli. Una volta cotti scolateli nella padella assieme a un bicchiere di acqua di cottura.

5: Togliete il rametto di timo e mettete un filo di olio in aggiunta.

Farfalle al pesto di noci

TEMPISTICA: 15 MINUTI

DIFFICOLTA': FACILE

Ingredienti:

400 grammi di farfalle

50 grammi di noci

50 grammi di ricotta

50 grammi di pecorino

20 grammi di panna

10 grammi di ricotta salata

1 spicchio d'aglio

pepe

Procedimento

1: Prendete un mortaio. Versate l'aglio, il sale e il pepe e batteteli.

2: Aprite le noci e fatene a pezzi qualcuna, altre lasciatele intere. Versate le noci intere nel mortaio e battetele, aggiungendo l'olio un po' alla volta. Dopo versate la ricotta e la panna, mescolando il tutto per renderlo cremoso.

3: Versate le farfalle in una pentola di acqua bollente. A fine cottura metteteli in una ciotola.

4: Versate sopra il pesto. Aggiungete un bicchiere d'acqua di cottura, spolverate col pecorino e con scaglie di ricotta salata. Aggiungete le noci sbriciolate e ulteriore pepe a piacimento.

Fettuccine Alfredo originali

TEMPISTICA: 20 MINUTI

DIFFICOLTA': FACILE

Ingredienti:

400 grammi di fettuccine (per 4 persone)

50 grammi di burro

50 grammi di parmigiano grattugiato

20 grammi di panna

10 grammi di erba cipollina

pepe

Procedimento

1: Mettete cinque cucchiai d'olio in una padella. Una volta che l'olio si sarà scaldato, versate la panna, il burro e il parmigiano e fate cuocere per 10 minuti fin quando non formeranno una crema densa.

2: In una pentola d'acqua bollente fate cuocere le fettuccine per 3 minuti.

3: Scolate le fettuccine nella padella assieme a mezzo bicchiere d'acqua di cottura. Fate saltare il tutto per due minuti.

4: Spolverate con ulteriore parmigiano, pepe e erba cipollina.

Risotto orzo e fagioli

TEMPISTICA: 30 MINUTI

DIFFICOLTA': MEDIA

Ingredienti:

400 grammi di riso Arborio (per 4 persone)

1 cipolla

50 grammi di burro

100 grammi d'orzo

100 grammi di fagioli borlotti

1 litro di brodo vegetale (sedano, carota, cipolla)

Parmigiano grattugiato

pepe

Procedimento

1: In una pentola fate sciogliere il burro, fate dorare la cipolla e mettete il riso a tostare per 3-4 minuti, facendo attenzione a non farlo bruciare.

2: Fate bollire carote, sedano e cipolle per 20 minuti per fare il brodo vegetale.

3: Versate il brodo piano piano nella pentola e continuate a girare fin quando il brodo non sarà assorbito dal riso.

4: In una padella scaldate l'olio e uno spicchio d'aglio. Togliete l'aglio e mettete i fagioli a scaldarsi per 5 minuti.

5: Quando mancano due minuti alla cottura del riso, mettete assieme l'orzo e i fagioli e continuate a girare.

6: Spegnete il fuoco, fate mantecare col parmigiano, mettete il pepe e servite.

Paccheri salsiccia e friarielli della Campania

TEMPISTICA: 20 MINUTI

DIFFICOLTA': FACILE

Ingredienti:

400 grammi di paccheri (per 4 persone)

2 salsicce di maiale nero

1 spicchio d'aglio

Un cucchiaio di peperoncino

100 grammi di friarielli

50 grammi di pecorino grattugiato

pepe

Procedimento

1: Scaldate l'olio in una padella assieme al peperoncino e all'aglio. Quando l'aglio sarà dorato, toglietelo e mettete i friarielli.

2: In una pentola di acqua bollente mettete i paccheri. I paccheri necessitano di 20 minuti di cottura.

3: Tagliate a pezzi la salsiccia e mettetela nella padella assieme ai friarielli.

4: Scolate la pasta e mettetela in pentola col condimento, facendola amalgamare.

5: Terminate col pepe e con il pecorino grattugiato.

Gnudi toscani

TEMPISTICA: 20 MINUTI

DIFFICOLTA': FACILE

Ingredienti:

400 grammi di spinaci

400 grammi di ricotta

4 tuorli d'uovo

40 grammi di burro

40 grammi di pane grattugiato

40 grammi di farina 00

Noce moscata

Salvia

Procedimento

1: Fate bollire gli spinaci in acqua bollente per 3 minuti, scolate il liquido in eccesso e fateli raffreddare.

2: In una ciotola mescolate la farina, i tuorli d'uovo, la ricotta, il parmigiano e la noce moscata. Mescolate bene e alla fine aggiungete gli spinaci fatti precedentemente a pezzettini.

3: Ricavate delle palline grossolane di pochi centimetri di diametro.

4: Mettetele in una pentola con acqua bollente e fateli cuocere per 2 minuti.

5: Fate sciogliere il burro con la salvia in una padella, e metteteci dentro gli gnudi. Servite con una spolverata di parmigiano.

Penne del poliziotto

TEMPISTICA: 15 MINUTI

DIFFICOLTA': FACILE

Ingredienti:

400 grammi di penne rigate

50 grammi di pomodoro

20 ml di panna

50 grammi di pancetta dolce

pepe

Procedimento

1: Fate rosolare la cipolla in una padella con abbondante olio.

2: Unite la pancetta tagliata a cubetti, lasciate soffiggere e dopo 5 minuti unite la salsa di pomodoro.

3: In una pentola di acqua salata fate cuocere la pasta. Prendete una tazza di acqua di cottura e versatela nella padella.

4: Scolate la pasta e mettetela nella padella. Aggiungete la panna, mescolate bene e servite con una spolverata di pepe.

Rigatoni alla zozzona

TEMPISTICA: 20 MINUTI

DIFFICOLTA': FACILE

Ingredienti:

400 grammi di rigatoni

200 grammi di salsiccia

50 grammi di guanciale

20 grammi di pecorino romano grattugiato

4 uova

10 pomodorini

1 cipolla

pepe

Procedimento

1: Tritate la cipolla e fatela rosolare in padella con abbondante olio.

2: Tagliate il guanciale a cubetti e mettetelo in padella.

3: Togliete il budello alla salsiccia, sbriciolatela e mettetela in padella.

4: Unite i pomodorini e il pepe e fate cuocere a fuoco medio fin quando il sugo non si sarà addensato.

5: Rompete le uova e unite i tuorli col pecorino fino a creare un pastone denso.

6: Cuocete la pasta in abbondante acqua salata e scolatela nella padella col condimento. Spegnete il fuoco e unite la crema di uova.

7: Servite con una spolverata di pepe e pecorino.

Bucatini alla scoreggiona

TEMPISTICA: 10 MINUTI

DIFFICOLTA': FACILE

Ingredienti:

400 grammi di bucatini (per 4 persone)

Un cucchiaio di peperoncino

4 salsicce

100 grammi di cotica di maiale

200 grammi di fagioli borlotti

50 grammi di passata di pomodoro

100 grammi di pomodori pelati

1 cipolla

1 carota

1 sedano

1 bicchiere di vino bianco

Procedimento

1: Fate il soffritto unendo carota, cipolla e sedano in una padella con abbondante olio.

2: Togliete la salsiccia dal budello, sbriciolatela e mettetela in padella assieme alla cotica. Sfumate col vino bianco.

3: Aggiungete i fagioli, la passata di pomodoro, i pelati e il peperoncino. Fate cuocere per 40 minuti.

4: Fate cuocere i bucatini in abbondante acqua salata. Versateli nella pasta e fate saltare il tutto, finendo con del pecorino grattugiato e pepe.

Fusilli alla carcerata

TEMPISTICA: 105MINUTI

DIFFICOLTA': FACILE
Ingredienti:

400 grammi di fusilli

200 grammi di salsiccia

100 ml di panna

1 cipolla

200 grammi di passata di pomodoro

1 bicchierino di cognac

Un cucchiaio di peperoncino

Prezzemolo

Procedimento

1: Tritate la cipolla e mettetela in una padella a rosolare.

2: Togliete la salsiccia dal budello, sbriciolatela e mettetela in padella.

3: Sfumate con il cognac. Aggiungete la salsa di pomodoro e fate addensare il sugo per 15 minuti.

4: Cuocete la pasta in abbondante acqua salata. Scolatela nella padella e in contemporanea aggiungete la panna. Amalgamate bene.

5: Impiattate e terminate con peperoncino e prezzemolo.

Pasta alla norma

TEMPISTICA: 25 MINUTI

DIFFICOLTA': FACILE

Ingredienti:

400 grammi di rigatoni

2 melanzane

1 spicchio d'aglio

10 grammi di basilico

4 pomodori pelati

Ricotta salata

Pepe

Procedimento

1: Mettete l'aglio a imbiondire in una padella. Tagliate a pezzettoni i pomodori e metteteli in padella assieme al basilico. Fate cuocere per 15 minuti.

2: Tagliate a dadi le melanzane e mettetele a friggere in una padella con abbondante olio. Terminata la frittura mettetele ad asciugare in un foglio di carta da cucina.

3: Fate cuocere la pasta in abbondante acqua salata. Scolatela nel sugo e fatela cuocere per altri 2 minuti.

4: Impiattate la pasta e terminate con le melanzane e la ricotta salata a scaglie.

Spaghetti alla gricia

TEMPISTICA: 15 MINUTI

DIFFICOLTA': FACILE

Ingredienti:

400 grammi di spaghetti (per 4 persone)

50 grammi di guanciale

50 grammi di pecorino grattugiato

Pepe

Procedimento

1: Tagliate il guanciale a cubetti privandolo della cotenna.

2: Mettetelo in una padella senza aggiungere olio e fatelo cuocere per 10 minuti. Il guanciale dovrà spurgare il suo grasso.

3: Fate cuocere gli spaghetti in acqua poco salata. Quando saranno quasi cotti prendete una tazza di acqua di cottura e versatela nella padella del guanciale.

4: Scolate la pasta nella padella e metteteci sopra abbondante pecorino grattugiato.

Risotto alla zucca

TEMPISTICA: 30 MINUTI

DIFFICOLTA': MEDIA

Ingredienti:

400 grammi di riso Carnaroli

200 grammi di zucca

50 grammi di burro

1 cipolla

1 litro di brodo vegetale

Parmigiano grattugiato

pepe

Procedimento

1: In una pentola fate sciogliere il burro, fate dorare la cipolla e mettete la zucca a cuocere per 10 minuti, facendo attenzione a non farla attaccare.

2: Fate bollire carote, sedano e cipolle per 20 minuti per fare il brodo vegetale.

3: Mettete il riso nella pentola e versate il brodo vegetale poco alla volta, mescolando continuamente.

4: Quando il brodo sarà terminato, spegnete il fuoco e fate mantecare il risotto con il parmigiano. Servite con una macinata di pepe nero.

Risotto ai piselli, prosciutto e paprika

TEMPISTICA: 30 MINUTI

DIFFICOLTA': MEDIA

Ingredienti:

400 grammi di riso Carnaroli

200 grammi di piselli

100 grammi di prosciutto cotto

100 grammi di burro

1 cipolla

1 litro di brodo vegetale

Paprika

Pepe nero

Procedimento

1: In una pentola fate sciogliere il burro, fate dorare la cipolla e mettete i piselli a cuocere per 5 minuti, facendo attenzione a non farla attaccare. Poi aggiungete il prosciutto sminuzzato e fate andare per altri 5 minuti.

2: Fate bollire carote, sedano e cipolle per 20 minuti per fare il brodo vegetale.

3: Mettete il riso nella pentola e versate il brodo vegetale poco alla volta, mescolando continuamente.

4: Quando il brodo sarà terminato, spegnete il fuoco e fate mantecare il risotto con ulteriore burro. Prima di servire cospargete con la paprika e il pepe nero.

Tagliatelle pancetta, rucola e squacquerone

TEMPISTICA: 10 MINUTI

DIFFICOLTA': FACILE

Ingredienti:

400 grammi di tagliatelle (per 4 persone)

50 grammi di squacquerone

50 grammi di pancetta affumicata

Un mazzetto di rucola

1 spicchio d'aglio

Pepe

Parmigiano grattugiato

Procedimento

1: In una padella fate rosolare l'aglio nell'olio e toglietelo una volta raggiunta la doratura.

2: Tagliate la pancetta affumicata a cubetti e versatela nell'olio. Fatela cuocere per 10 minuti.

3: Mettete lo squacquerone a pezzi nella padella e lasciatelo sciogliere a fuoco lento, aggiungendo un po' di acqua di cottura.

4: Scolate le tagliatelle nel condimento e spolverate con un po' di pepe e Parmigiano. Sminuzzate la rucola e spargetela sopra le tagliatelle.

Risotto al barolo

DIFFICOLTA': MEDIA

Ingredienti:

400 grammi di riso Carnaroli (per 4 persone)

50 grammi di burro

1 cipolla

2 tazze di barolo

1 litro di brodo vegetale

Parmigiano grattugiato

1 foglia d'alloro

Procedimento

1: In una pentola fate sciogliere il burro, fate dorare la cipolla e mettete il riso a tostare per 5 minuti, facendo attenzione a non farlo attaccare.

2: Fate bollire carote, sedano e cipolle per 20 minuti per fare il brodo vegetale.

3: Versate il barolo e fatelo evaporare quasi del tutto. Poi iniziate a versare il brodo.

4: Poco alla volta, versate tutto il brodo, aggiungete la foglia di alloro e mescolate continuamente. Aggiustate di sale.

5: Spegnete il fuoco e fate mantecare con ulteriore burro e il parmigiano grattugiato.

Risotto agli asparagi

DIFFICOLTA': MEDIA

Ingredienti:

400 grammi di riso Carnaroli

400 grammi di asparagi

50 grammi di burro

1 cipolla

1 litro di brodo vegetale

Parmigiano grattugiato

Procedimento

1: Fate bollire carote, sedano e cipolle per 20 minuti per fare il brodo vegetale.

2: Tagliate la parte dura degli asparagi e fateli cuocere in acqua salata per circa 5 minuti. Tenete da parte alcune punte.

3: In una pentola fate sciogliere il burro, fate dorare la cipolla e mettete il riso a tostare per 5 minuti, facendo attenzione a non farlo attaccare.

4: Aggiungete gli asparagi tagliati a rondelle.

5: Poco alla volta, versate tutto il brodo e mescolate continuamente. Aggiustate di sale.

6: Spegnete il fuoco e fate mantecare con ulteriore burro e il parmigiano grattugiato. Alla fine aggiungete le punte di asparagi avanzate.

Risotto allo zafferano

TEMPISTICA: 25 MINUTI

DIFFICOLTA': MEDIA

Ingredienti:

400 grammi di riso Carnaroli (per 4 persone)

50 grammi di burro

1 cipolla

1 bustina di zafferano

1 bicchiere di vino bianco

1 litro di brodo vegetale

Parmigiano grattugiato

Procedimento

1: Fate bollire carote, sedano e cipolle per 20 minuti per fare il brodo vegetale.

2: In una padella fate sciogliere lo zafferano in mezzo bicchiere di vino bianco.

3: In una pentola fate sciogliere il burro, fate dorare la cipolla e mettete il riso a tostare per 5 minuti, facendo attenzione a non farlo attaccare.

4: Poco alla volta, versate tutto il brodo e mescolate continuamente. Aggiustate di sale.

5: Versate lo zafferano sciolto nel vino e fate sfumare.

6: Spegnete il fuoco e fate mantecare con ulteriore burro e il parmigiano grattugiato.

Spaghetti allo scarpariello

TEMPISTICA: 10 MINUTI

DIFFICOLTA': FACILE

Ingredienti:

400 grammi di spaghetti (per 4 persone)

40 grammi di pecorino grattugiato

10 foglie di basilico

300 grammi di pomodorini

1 cucchiaio di peperoncino

Parmigiano grattugiato

1 spicchio d'aglio

Procedimento

1: In una padella con abbondante olio mettete lo spicchio d'aglio e il peperoncino. Quando l'aglio sarà dorato, toglietelo.

2: Tagliate i pomodorini a metà e metteteli nella padella. Fate cuocere per 10 minuti.

3: Mettete a cuocere gli spaghetti in abbondante acqua salata. Nel frattempo aggiungete le foglie di basilico nel sugo e una tazza di acqua di cottura.

4: Scolate la pasta nella padella, aggiungete il pecorino, il parmigiano e qualche altra foglia di basilico.

Pappardelle pancetta, funghi e asparagi

TEMPISTICA: 25 MINUTI

DIFFICOLTA': FACILE

Ingredienti:

400 grammi di pappardelle (per 4 persone)

100 grammi di funghi prataioli

10 asparagi

50 grammi di pancetta

1 spicchio d'aglio

Pepe

Parmigiano grattugiato

Procedimento

1: Lavate gli asparagi, tagliate la parte più dura e metteteli a bollire per 3 minuti in abbondante acqua salata.

2: Togliete gli asparagi, metteteli in un piatto e versate nell'acqua di cottura degli asparagi le pappardelle. Tagliate le punte degli asparagi e mettetele da parte.

3: In una padella fate rosolare l'aglio nell'olio e toglietelo una volta raggiunta la doratura.

4: Tagliate la pancetta a cubetti e versatela nell'olio. Fatela cuocere per 10 minuti fin quando diventerà croccante.

5: Tagliate gli asparagi, ormai raffreddati, a pezzetti e metteteli nell'olio assieme alla pancetta.

6: Mettete i funghi nella padella assieme a una tazza di acqua di cottura della pasta.

7: Scolate i rigatoni nel condimento e spolverate con un po' di pepe e Parmigiano.

Spaghetti alle vongole

TEMPISTICA: 15 MINUTI

DIFFICOLTA': FACILE

Ingredienti:

400 grammi di spaghetti (per 4 persone)

400 grammi di vongole

1 spicchio d'aglio

4 peperoncini senza semi

10 grammi di prezzemolo

1 bicchiere di vino bianco

Procedimento

1: Versate l'olio in una padella assieme all'aglio e al peperoncino. Fate soffriggere l'aglio finché non sarà dorato, poi toglietelo.

2: Sciacquate le vongole facendo attenzione a eliminare tutta la sabbia. Mettetele nella padella.

3: Sfumate col bicchiere di vino bianco e aspettate che si aprano tutte.

4: Mettete a bollire una pentola d'acqua salata. Quando bolle, versate gli spaghetti.

5: Prendete una tazza di acqua di cottura della pasta.

6: Versate gli spaghetti nella padella e finite la cottura per circa 2 minuti versando poco alla volta l'acqua di cottura.

7: Spolverate col prezzemolo e servite.

Penne crescenza, nocciole e burrata

TEMPISTICA: 20 MINUTI

DIFFICOLTA': FACILE

Ingredienti:

400 grammi di penne rigate (per 4 persone)

30 grammi di burro

1 spicchio d'aglio

50 grammi di nocciole

100 grammi di crescenza

1 burrata

30 ml di panna

Pepe

Procedimento

1: Mettete a sciogliere il burro in una padella con lo spicchio d'aglio. Una volta che si sarà dorato, toglietelo.

2: Frullate la burrata e mischiatela con lo stracchino e la panna in un recipiente.

3: In una pentola d'acqua bollente mettete a cuocere la pasta.

4: Sgusciate le nocciole, fatele a pezzetti e mettetele in padella a tostare leggermente.

5: Scolate la pasta nella padella. Versate il composto di formaggi e mescolate assieme a un bicchiere di acqua di cottura, in modo da formare una crema.

6: Terminate con una macinata di pepe e un po' di nocciole intere.

Gnocchi alla sorrentina

TEMPISTICA: 30 MINUTI

DIFFICOLTA': MEDIA

Ingredienti:

1 kg di patate

1 uovo

200 grammi di farina 00

20 grammi di semola

1 spicchio d'aglio

400 grammi di passata di pomodoro

4 foglie di basilico

100 grammi di mozzarella

Parmigiano grattugiato

Procedimento

1: Mettete le patate con la buccia in un tegame e cuocetele per circa 30 minuti.

2: In una padella con abbondante olio mettete lo spicchio d'aglio, la salsa di pomodoro e il basilico. Fate cuocere a fuoco basso per circa 20 minuti.

3: Setacciate la farina su un tagliere e schiacciateci sopra le patate.

4: Versate sopra l'uovo mentre le patate sono ancora calde e amalgamate l'impasto, rendendolo omogeneo e non troppo colloso. Copritelo con un panno.

5: In una pentola mettete a bollire abbondante acqua salata. Prendete un pezzo alla volta dell'impasto per creare gli gnocchi, spargendo sopra un po' di semola e aiutandovi con una forchetta.

6: Mettete il sugo in una pirofila. Mettete gli gnocchi nell'acqua bollente per 1 minuto, scolateli e metteteli nella pirofila assieme al sugo. Mescolateli aggiungendo un filo d'olio.

7: Mettete sopra la mozzarella tagliata a cubetti e il parmigiano. Infornate a 200 gradi e cuocete per 10 minuti.

Bucatini all'Amatriciana

TEMPISTICA: 15 MINUTI

DIFFICOLTA': FACILE

Ingredienti:

400 grammi di spaghetti

200 grammi di guanciale

1 cucchiaio di peperoncino

200 grammi di pomodori pelati

50 grammi di pecorino romano grattugiato

1 bicchiere di vino bianco

Procedimento

1: Togliete la cotenna al guanciale e tagliatelo a cubetti.

2: In una pentola fate bollire abbondante acqua salata.

3: Mettete il guanciale in padella a soffriggere con un po' d'olio e il peperoncino.

4: Dopo 5 minuti aggiungete il vino bianco e fate sfumare.

5: Togliete il guanciale dalla padella e aggiungete i pomodori. Mettete in acqua i bucatini.

6: Una volta cotti, scolate la pasta nel sugo e aggiungete il guanciale e il pecorino grattugiato.

Orecchiette con le cime di rape

TEMPISTICA: 25 MINUTI

DIFFICOLTA': FACILE

Ingredienti:

400 grammi di orecchiette

500 grammi di cime di rapa

4 filetti di acciuga

1 spicchio d'aglio

20 grammi di pangrattato

Procedimento

1: Lavate accuratamente le cime di rapa e prelevatene le foglie interne.

2: In una padella con abbondante olio versate il pangrattato e fatelo abbrustolire.

3: In una pentola di acqua bollente e salata lessate le cime di rapa per 5 minuti.

4: In una padella con abbondante olio versate l'aglio e I filetti di acciuga, facendoli sciogliere con un mestolo di legno. Una volta che l'aglio sarà dorato, toglietelo.

5: Una volta pronte le cime di rapa, mettete anche le orecchiette nella stessa pentola e cuocete per altri 3 minuti.

6: Scolate il contenuto della pentola nella padella con le acciughe e versate sopra il pangrattato.

Calamarata

TEMPISTICA: 20 MINUTI

DIFFICOLTA': FACILE

Ingredienti:

400 grammi di pasta Calamarata

1 spicchio d'aglio

1 bicchiere di vino bianco

200 grammi di salsa di pomodoro

400 grammi di calamari

1 cucchiaio di peperoncino

10 pomodorini

Pepe

prezzemolo

Procedimento

1: Lavate e pulite i calamari. Eliminate la cartilagine e gli occhi e tagliate tanti anelli di circa 1-2 centimetri di diametro.

2: In una padella fate soffriggere l'aglio e il peperoncino in abbondante olio. Versate i calamari e fate cuocere per 5 minuti.

3: Sfumate con il vino bianco e mettete dentro i pomodorini che avete precedentemente tagliato a metà. Dopo 5 minuti di cottura versate anche la salsa di pomodoro.

4: Mettete a bollire l'acqua per la pasta. Quando la pasta sarà cotta, versatela nella padella e mischiate bene.

5: Prima di servire, cospargete di pepe e prezzemolo a piacimento.

Pennette sfiziose

TEMPISTICA: 20 MINUTI

DIFFICOLTA': FACILE

Ingredienti:

400 grammi di pennette

200 grammi di gorgonzola

50 grammi di burro

100 grammi di pomodori

50 grammi di fagiolini

50 grammi di porri

10 grammi di salvia

pepe

Procedimento

1: In una pentola con abbondante acqua salata mettete a cuocere i porri e i fagiolini per 5 minuti.

2: In una padella fate sciogliere il burro con la salvia, poi aggiungete i pomodori spezzettati e fare cuocere a fuoco basso per 10 minuti.

3: Versate la pasta nell'acqua con i fagiolini e i porri.

4: Quando la pasta sarà cotta, scolatela assieme ai fagiolini e ai porri direttamente nella padella, aggiungendo un bicchiere di acqua di cottura.

5: Distribuite dei pezzi di gorgonzola sopra e fate cuocere per altri 3 minuti.

6: Impiattate e date una macinata di pepe.

Penne al baffo

TEMPISTICA: 15 MINUTI

DIFFICOLTA': FACILE

Ingredienti:

400 grammi di penne integrali

200 grammi di panna liquida

100 grammi di prosciutto cotto

10 grammi di prezzemolo

30 grammi di salsa di pomodoro

pepe

Procedimento

1: Tritate il prosciutto cotto a pezzettini e versatelo in una padella con abbondante olio, facendolo soffriggere per 2 minuti.

2: Versate la panna e il pomodoro. Fate addensare il sugo per 10 minuti.

3: In una pentola con abbondante acqua salata mettete le penne. Prelevate un bicchiere di acqua di cottura e versatelo nella padella.

4: Scolate la pasta nella padella e fate amalgamare per circa 5 minuti a fuoco basso. Terminate cospargendo la pasta col prezzemolo.

Spaghetti zucchini, gambieri e zafferano

TEMPISTICA: 10 MINUTI

DIFFICOLTA': FACILE

Ingredienti:

400 grammi di spaghetti

300 grammi di gamberetti

1 scalogno

1 bicchiere di vino bianco

300 grammi di zucchine

1 busta di zafferano

100 grammi di panna

pepe

Procedimento

1: Tritate lo scalogno e mettetelo in una padella con abbondante olio.

2: Lavate le zucchine e tagliatele a rondelle.

3: Lavate i gamberi, togliete la testa, le zampe e il carapace. Poi fate un'incisione e togliete l'intestino.

4: Mettete le rondelle di zucchine nella padella assieme allo scalogno. Dopo 2 minuti mettete anche i gamberi.

5: Versate il bicchiere di vino e fate sfumare l'alcol.

6: Mettete gli spaghetti in una pentola con abbondante acqua salata. Prelevate una tazza di acqua di cottura e versatela nella padella.

7: Scolate la pasta nella padella, aggiungete lo zafferano e altra acqua di cottura della pasta. Mescolate e impiattate.

Tortiglioni con crema di peperoni

TEMPISTICA: 15 MINUTI

DIFFICOLTA': FACILE

Ingredienti:

400 grammi di tortiglioni (per 4 persone)

200 grammi di pomodori

400 grammi di peperoni

10 foglie di basilico

1 spicchio d'aglio

pepe

Procedimento

1: Lavate bene i peperoni, tagliateli a fette e togliete i semi. Poi tagliateli a cubetti.

2: Fate dorare l'aglio in una padella con abbondante olio e versare i peperoni. Dopo 2 minuti di cottura versare il pomodoro, il pepe e il basilico. Cuocete per 15 minuti.

3: In abbondante acqua salata fate cuocere i tortiglioni.

4: Mettete il pomodoro e i peperoni cotti in un bicchiere e frullate con un mixer.

5: Scolate la pasta nella padella, versateci il sugo e un bicchiere di acqua di cottura e amalgamate per 2 minuti. Impiattate con un po' di pepe.

Pasta e patate

TEMPISTICA: 25 MINUTI

DIFFICOLTA': FACILE

Ingredienti:

400 grammi di ditaloni

1 kilo di patate

1 scalogno

1 litro di brodo vegetale

50 grammi di pancetta affumicata

Timo

2 rametti di rosmarino

pepe

Procedimento

1: Tritate la cipolla e mettetela a rosolare in una padella.

2: Tagliate a cubetti la pancetta e unitela alla cipolla in padella facendola cuocere per 10 minuti. Mettete anche i rametti di rosmarino.

3: Sbucciate le patate e tagliatele a cubetti o a rondelle. Mettetele nella padella e fate cuocere a fuoco medio per altri 5 minuti.

4: Versate il brodo vegetale e aspettate che inizi a bollire, poi versate la pasta. Fate cuocere assieme per circa 10 minuti da quando il brodo inizia a bollire.

5: Impiattate con un po' di timo e di pepe.

Passatelli

TEMPISTICA: 20 MINUTI

DIFFICOLTA': FACILE

Ingredienti:

8 uova (per 4 persone)

200 grammi di Parmigiano

200 grammi di pane grattugiato

Mezza scorza di limone

Noce moscata

Per il brodo:

50 grammi di carne di gallina

50 grammi di manzo

1 cipolla

1 sedano

1 carota

1 pomodoro

Procedimento

1: Preparate il brodo facendo cuocere la carne di gallina e il manzo assieme alla verdura. La cottura deve durare almeno 2 ore. Terminata la cottura filtrate il brodo con un colino e mettetelo in un pentolino.

2: Fate un impasto con il pane grattugiato, le uova, la noce moscata, il parmigiano e un po' di brodo. L'impasto dovrà essere morbido e malleabile. Copritelo e fatelo riposare per due ore.

3: Fate fuoriuscire i passatelli con uno schiacciapatate e tagliateli con un coltello. Appoggiateli su un tagliere senza sovrapporli.

4: Fate bollire il brodo, versate i passatelli e fateli cuocere per 2 minuti. Serviteli in un piatto fondo con abbondante brodo.

Risotto alla crema di scampi

TEMPISTICA: 40 MINUTI

DIFFICOLTA': MEDIA

Ingredienti:

400 grammi di riso Carnaroli (per 4 persone)

1kg di scampi

1 cipolla

1 limone

30ml di panna

2 spicchi d'aglio

20 grammi di brandy

Prezzemolo

Pepe

Curcuma

Procedimento

1: Lavate gli scampi con acqua. Togliete la testa e aprite il dorso per togliere il carapace e l'intestino. Il carapace non buttatelo.

2: Mettete aglio e cipolla tritata in una padella con abbondante olio. Dopo qualche minuto aggiungete i carapaci degli scampi e sfumate col brandy.

3: In una padella fate dorare uno spicchio d'aglio. Aggiungete gli scampi e fateli cuocere per 5 minuti, rigirandoli più volte.

4: Mettete gli scampi in un contenitore assieme alla panna e a un po' di succo di limone. Frullate col mixer fino a ottenere una crema densa.

5: Sciogliete il burro in una pentola. Aggiungete la cipolla tritata e fatela dorare per 5 minuti. Poi aggiungete il riso e fatelo tostare per 3 minuti.

6: Versate il brodo di scampi poco a poco, mescolando di continuo. A metà cottura versate la crema di scampi e continuate a mescolare. Terminata la cottura cospargete il riso col prezzemolo.

Risotto alle fragole

TEMPISTICA: 30 MINUTI

DIFFICOLTA': MEDIA

Ingredienti:

400 grammi di riso Carnaroli

1 litro di brodo vegetale

50 grammi di formaggio di capra

1 bicchiere di vino bianco

1 cipolla

50 grammi di burro

50 grammi di fragole

Procedimento

1: Sciogliete il burro in una pentola. Aggiungete la cipolla e fatela dorare per 5 minuti.

2: Aggiungete il riso e fatelo tostare per 3 minuti. Versate il vino bianco e fate sfumare a fuoco alto.

3: Versate il brodo vegetale poco a poco, mescolando di continuo. Continuate a farlo fin quando il riso non sarà cremoso.

4: Lavate le fragole e tagliate via la punta. Tagliatele a pezzetti piccoli.

5: Spegnete il fuoco. Mantecate usando il burro e il formaggio di capra a pezzi. Versate le fragole e mescolate bene in modo da far amalgamare gli ingredienti.

Pasta al forno con guanciale

TEMPISTICA: 20 MINUTI

DIFFICOLTA': FACILE

Ingredienti:

400 grammi di maccheroni

200 grammi di mozzarella

100 grammi di guanciale

50 grammi di parmigiano grattugiato

20 grammi di finocchietto selvatico

pepe

Procedimento

1: Cuocete la pasta in abbondante acqua salata.

2: Preriscaldate il forno a circa 190 gradi.

3: In una padella, senza mettere olio, fate sciogliere il grasso del guanciale fin quando non sarà croccante.

4: Scolate la pasta prima che la cottura sia ultimata. Versatela in una teglia da forno assieme al guanciale, al parmigiano e alla mozzarella tagliata a pezzi.

5: Mettete in forno per 15 minuti circa. Servitela calda.

Spaghetti limone e mascarpone

TEMPISTICA: 10 MINUTI

DIFFICOLTA': FACILE

Ingredienti:

400 grammi di spaghetti (per 4 persone)

100 grammi di mascarpone

2 limoni

20 grammi di Parmigiano grattugiato

20 grammi di burro

Prezzemolo

pepe

Procedimento

1: Lavate i limoni, sbucciateli e tagliateli a fette. Togliete i semi.

2: In una padella mettere il burro a sciogliere e aggiungere il limone e un po' di pepe.

3: Mettete il mascarpone, il pepe e un po' di burro in una ciotola e mescolate per 5 minuti.

4: In una pentola con abbondante acqua salata cuocete gli spaghetti. Scolate la pasta nella padella e mettete un po' di parmigiano.

5: Aggiungete la crema al mascarpone, un po' di pepe e altro parmigiano. Impiattate con un po' di prezzemolo.

Pappardelle del macellaio

TEMPISTICA: 20 MINUTI

DIFFICOLTA': FACILE

Ingredienti:

400 grammi di pappardelle

100 grammi di frattaglie di pollo

50 grammi di burro

1 foglia di salvia

Parmigiano grattugiato

Prezzemolo

1 sedano

1 carota

1 cipolla

Procedimento

1: Lavate le frattaglie e tritatele col coltello.

2: Mettete in padella burro, sedano, carota, cipolla e preparate il soffritto.

3: Aggiungete le frattaglie e la salvia. Fate cuocere a fuoco basso per 40 minuti.

4: Cuocete le pappardelle in acqua bollente per 2 minuti. Scolate e terminate la cottura nella padella con le frattaglie

5: Mettete il prezzemolo e servite.

Lightning Source UK Ltd.
Milton Keynes UK
UKHW021427310521
384684UK00002B/480